Moje czytanki

Martynka
W górach

Na podstawie książek Gilberta Delahaye'a i Marcela Marliera
opowiada Liliana Fabisińska

Papilon

Nasze książki kupisz na:

PUBLICAT.PL

Tytuł oryginału – *Martine à la montagne*
Ilustracje – Marcel Marlier
Redaktor prowadzący – Anne-Sophie Tournier
Redakcja – Anne-Sophie Pawlas
Redakcja serii – Patricia Tollia – pages de France
Autor stron dodatkowych – Mireille Fronty
Opracowanie graficzne – Celine Julien

Redakcja i korekta wersji polskiej – Anna Belter, Eleonora Mierzyńska-Iwanowska
Opracowanie graficzne wersji polskiej oraz okładki – Elżbieta Baranowska
Projekt graficzny okładki – Marek Nitschke

Martine à la montagne, książka stworzona przez Gilberta Delahaye'a
i Marcela Marliera/Léaucour Création
Oryginalne wydanie w języku francuskim © Casterman
© Editions Atlas (layout and the documentary leaflet)
Wydanie polskie © Publicat S.A. MMXI, MMXV

Wszelkie prawa zastrzeżone. Książka zawiera materiał chroniony prawem autorskim. Każde bezprawne użycie materiału z książki jest zabronione. Żadna część tej publikacji nie może być przedrukowywana ani reprodukowana w jakiejkolwiek formie, tj. elektronicznej lub mechanicznej, fotokopiowana i rejestrowana, także w systemach przechowywania i wyszukiwania, bez pisemnej zgody Autora/Wydawcy.

Opublikowano na mocy umowy z Editions Casterman

ISBN 978-83-245-9733-8

Papilon
jest znakiem towarowym Publicat S.A.

PUBLICAT S.A.
61-003 Poznań, ul. Chlebowa 24
tel. 61 652 92 52, fax 61 652 92 00
e-mail: papilon@publicat.pl
www.publicat.pl

ROZDZIAŁ 1
W podróży

Martynka, Janek i ich ukochany piesek wyjeżdżają w góry. Na całe ferie! Rodzice zgodzili się, żeby zaprosili na tę wycieczkę także swoją sąsiadkę i serdeczną przyjaciółkę, Franię.

– Pada śnieg, pada śnieg, dzwonią dzwonki sań… – śpiewają wesoło, wyglądając z pociągu przez okno.

– Zima w tym roku jest naprawdę piękna. Wszędzie biało – cieszy się Janek.

– To będzie wspaniała wyprawa! – klaszcze w dłonie Frania.

A Martynka mówi:

– Spójrzcie tam w lewo! Ludzie jeżdżą na łyżwach na zamarzniętym stawie.

Nikt jej jednak nie odpowiada, bo lokomotywa gwiżdże nagle tak głośno, że wszyscy muszą zatkać uszy. Piesek chowa się pod siedzenie, przerażony hałasem.

– Nie bój się. – Martynka bierze go na kolana i zaczyna głaskać. – Pan maszynista ostrzegał kierowców, żeby nie wjeżdżali na tory. Nie chciał cię przestraszyć.

– A może pan maszynista po prostu mijał swój dom i dał znać żonie, że zaraz kończy pracę i do niej wraca? – fantazjuje Frania.

– Albo… Albo może to był domek jego kolegi i maszynista chciał go pozdrowić? – Janek ma jeszcze inny pomysł. – A wtedy ten kolegaaaaa… – chłopiec nie kończy zdania, bo ziewa. Raz, potem drugi i trzeci. – Przepraszam, jestem okropnie niewyspany. Musiałem wstać, kiedy było jeszcze całkiem ciemno.

– My też – przypomina mu z uśmiechem Martynka. – I wcale nie żałujemy. Spójrz tylko za okno, jak tu pięknie! Ile śniegu!

– Zaraz chyba dojedziemy. – Frania patrzy na zegarek. – Właściwie już powinniśmy być na miejscu.

– Uwaga, uwaga! – z głośnika pod sufitem wagonu rozlega się poważny męski głos. – Tory są zasypane śniegiem. Usuwanie zaspy potrwa co najmniej pół godziny. Ekipa już rozpoczęła pracę. Przepraszamy za opóźnienie. Jeśli ktoś z państwa ma ochotę, może wyjść z wagonu na kilka minut, żeby rozprostować nogi. Ostrzegam jednak, że śnieg sięga kolan!

Dzieciom nie trzeba dwa razy powtarzać. Pieskowi też nie. Od razu biegnie do drzwi, radośnie mer-

dając ogonem. Najwyraźniej marzy właśnie o rozprostowaniu kości!

– Uważajcie tylko – ostrzega tata, wyglądając przez okno – żeby pociąg nie ruszył bez was. Nie odchodźcie daleko!

– Nie będziemy – obiecuje Martynka i wybiega z wagonu.

W śniegu bawi się już kilkoro innych dzieci.

– Hau! – Piesek jest trochę rozczarowany, że dla niego nie ma tutaj żadnego towarzystwa.

– Możesz pobawić się z nami – mówi mu Frania i rzuca przed siebie wielką śniegową kulę.

Piesek pędzi za nią, a jego krótkie nóżki zapadają się w zaspy.

– Nie rzucajcie kulek tak daleko! – woła przez okno mama. – Jamnik może sobie nie poradzić z bieganiem w wysokim śniegu. Nie wróci na czas do pociągu i co zrobimy?

– Przepraszam, już nie będę. – Frani robi się głupio. Przecież bardzo lubi pieska swoich sąsiadów.

Pociąg jedzie przez ośnieżony las. Jak tu pięknie!

Nie pomyślała jednak, że ten śnieg po kolana jest dla niego tak wielkim wyzwaniem.

Maszynista już gwiżdże. Dzieci wracają do wagonu całe w śniegu. Nawet w butach mają go mnóstwo. Piesek dyszy ciężko i otrząsa mokrą sierść. Jest jednak najwyraźniej zachwycony tym nieoczekiwanym postojem.

– Super było! – sapie Janek, patrząc przez okno na przesuwające się za nim krajobrazy, a potem sięga po termos z gorącą herbatą.

Ale jeszcze zanim zdąży go odkręcić, z głośników znów rozlega się komunikat:

– Pociąg zbliża się do stacji końcowej. Proszę przygotować się do wyjścia i sprawdzić, czy w wagonie nie pozostał bagaż lub rzeczy osobiste.

– Lub jakiś jamnik – śmieje się Frania, wyciągając pieska spod swojego fotela. – No już, mały, wysiadamy. Będziesz mógł znowu pobawić się ze mną w śnieżki.

– Hau, hau! – cieszy się piesek.

Jeszcze kilka zakrętów. Przez okno widać już pierwsze domki. I ludzi z nartami zarzuconymi na ramię idących na stok albo wracających z niego. I małe sklepiki. Kawiarenki. Hotele ze spadzistymi dachami.

– Ale tu ślicznie, jak w bajce! – Martynka stoi z nosem przylepionym do szyby.

Pociąg hamuje ze zgrzytem. Można wysiadać!

Piesek wyskakuje pierwszy na peron. Jak to powiedział ten pan przez głośnik? Rozprostować nogi? Piesek biega, skacze, kręci młynki. Najwyraźniej właśnie tak prostują nogi po długiej podróży jamniki.

— On chyba szykuje się już do pierwszej lekcji jazdy na nartach — śmieje się Frania.

A Martynka schodzi po schodkach z wagonu na peron jak zahipnotyzowana i powtarza:

— Ale tu pięknie. Jak w jakimś filmie o Bożym Narodzeniu.

— Zapnij kurtkę — sprowadza ją na ziemię mama. — I załóż rękawiczki. Tu jest naprawdę bardzo, bardzo zimno!

Martynka dopiero teraz czuje, że mróz przenika ją do szpiku kości. Zasuwa suwak i owija szyję szalikiem. A potem podnosi swoją walizkę i rozgląda się za samochodem właściciela pensjonatu, który miał po nich wyjechać.

– Tam jest, tam! – Janek zauważa go pierwszy. Nie zna tego pana. Nigdy nie widział jego auta, ale interesuje się motoryzacją. Wystarczy mu podać markę i kolor, a wypatrzy ten samochód pośród setki innych. Tak jak teraz.

Biegną więc do auta, witają się, żartują, a potem próbują załadować bagaże.

– Myślałem, że mam naprawdę duży bagażnik – uśmiecha się miły pan z wąsami. – Ale wasze walizki są chyba większe niż on.

Na szczęście udaje się je w końcu jakoś zapakować.

– Piesku, ty jedziesz z nami na fotelach – mówi Martynka i stuka w jedno z siedzeń.

Piesek nie wygląda na zachwyconego. Chciał chyba pilnować walizek w bagażniku.

Samochód zatrzymuje się przy dużym, drewnianym domu. Każde okienko ma tu piękne, zielone okiennice. Z komina bucha dym. Recepcjonistka wita ich serdecznie i prowadzi na drugie piętro.

– Jak tu ładnie! Jakie wielkie łóżko! – Janek zaczyna podskakiwać, żeby wypróbować materac. I nagle czuje się bardzo zmęczony. – Idę spać! – decyduje.

– Nie ma mowy. – Martynka kręci głową. – Nie będę rozpakowywać walizki za ciebie. Rzuciłeś ją na środku pokoju, nie będziemy przecież wszyscy fruwać, żeby ją ominąć.

– Dobrze, już dobrze – Janek, wzdychając głośno, rozpakowuje swoje rzeczy.

– Ja chyba też się położę. – Frania już poukładała swoje spodnie i koszulki na półkach i ogląda z uwagą poduszkę, ręcznie haftowaną w śniegowe płatki. – Naprawdę wcześnie dziś wstaliśmy…

Martynka miała nadzieję, że pójdą na narty. Natychmiast pierwszego dnia. Ale kiedy widzi, jak Janek i Frania układają się w tej pięknej pościeli, a piesek wyciąga się leniwie na miękkim dywaniku, nie może się powstrzymać przed wejściem do łóżka.

– Na narty mam jeszcze mnóstwo czasu – mruczy do siebie, zamykając oczy.

ROZDZIAŁ 2

Zawieszeni na linie

Następnego dnia już o świcie dzieci są na nogach.
– Na narty! Idziemy na narty! – krzyczą jedno przez drugie i na wyścigi jedzą śniadanie. A potem zarzucają narty na ramię i ruszają do kolejki linowej, którą wjadą na wielką górę.

Wędrując przez miasteczko, rozglądają się dookoła. Domki wyglądają jeszcze piękniej niż wczoraj, gdy zmęczeni patrzyli na nie z okien samochodu.

– Tu jest jak w wiosce Świętego Mikołaja – mówi Frania. – Właśnie tak ją sobie zawsze wyobrażałam.

Uliczka nagle się kończy, do stacji kolejki trzeba przejść jeszcze ścieżką przez pole pełne śniegu.

– Ulepimy bałwana? – proponuje Janek.

Martynce i Frani nie trzeba dwa razy powtarzać. Piesek też radośnie rzuca się do pomocy. Wśród śmiechu i żartobliwych przepychanek dzieciom udaje się zrobić trzy wielkie kule. Teraz trzeba tylko położyć jedną na drugiej, a to wcale nie takie proste.

– Ktoś, kto nazwał śnieg białym puchem, chyba nigdy nie próbował dźwigać takiej kuli – dyszy z wysiłku Martynka. – Puch! Też mi coś! Leciutki puszek!

– Piesku, widzisz tamte patyki? Przynieś je. Dasz radę? – prosi Frania.

– Hau, hau! – odpowiada piesek i już po chwili dźwiga w pyszczku długą gałąź. Podaje ją dziew-

czynce i pędzi po drugą. A Frania szybko wbija je w środkową kulę i robi z nich ręce bałwana.

– Gdybyśmy mieli jakieś kamyczki na oczy… – wzdycha Martynka. – Ale w tym śniegu na pewno nic nie znajdziemy.

– Hau, hau! – Jamnik i tym razem oferuje swoją pomoc i zaczyna kopać, coraz głębiej i głębiej. I oto są dwa czarne, okrągłe kamyczki, idealne na oczy. I jeszcze kilka mniejszych, które można wbić w śnieg jeden przy drugim, by zrobić z nich usta bałwana.

Uff, w końcu uśmiechnięty bałwan stoi przy ścieżce. Narciarze, mijając go w drodze do kolejki linowej, śmieją się głośno. Jakaś para robi sobie nawet z nim zdjęcie. Nagle z chatki stojącej najbliżej ścieżki wybiega chłopiec w zarzuconej na ramiona kurtce.

– Widziałem przez okno, jak lepicie bałwana. Czegoś mu jeszcze brakuje… – mówi. – Mama chciała już wyrzucić ten stary szalik, ale tobie, przyjacielu, on się chyba przyda – zwraca się do bałwana i owija jego szyję długim szalem w paski.

– Dziękujemy – odpowiadają chórem dzieci. Martynka czuje, że w policzki szczypie ją mróz. Słońce jest już coraz wyżej. Przypomina więc:
– Pospieszmy się, jeśli chcemy wreszcie pojeździć na nartach. Do kolejki może być niezła kolejka.
– Kolejka do kolejki? – Frania w pierwszej chwili nie rozumie, o co jej chodzi. – Aaa, jasne. Dużo ludzi, mało wagoników. Tłok. Czekanie. Miejmy nadzieję, że nie będziemy musieli stać zbyt długo.

I faktycznie, nie muszą. Na stacji jest tylko kilka osób i już po chwili dzieci wsiadają z tatą do wagonika.
– Jaki piękny widok – zachwyca się Martynka.
– Jaki piękny mechanizm! – Janek ogląda kolejkę i góry za oknem chwilowo wcale go nie interesują. – Kolejka linowa to niesamowite urządzenie, muszę w domu poczytać o tym, kto pierwszy stworzył takie przesuwające się w powietrzu wagoniki.

Kolejka powoli rusza w górę. Piesek przytula się do Martynki przerażony. Wolałby jednak, żeby podłoga tak się nie kiwała!

– Zaraz będziemy na miejscu – pociesza go dziewczynka. – Będziesz mógł biegać i skakać po śniegu.

– Patrzcie, za tą górą jest inne miasteczko, większe niż nasze! A za tamtą jakaś mała wioska z kościółkiem! – Frania wpatruje się zafascynowana w pejzaże przesuwające się za oknami wagonika.

Im wyżej jadą, tym mniejsze wydają się domy. W końcu zaczynają wyglądać jak pudełeczka zapałek.

– Patrzcie, stacja kolejowa! To tam wczoraj wysiedliśmy. Janek wskazuje nieco większe pudełko, do którego docierają właśnie miniaturowe wagoniki. – To wygląda jak moja kolejka elektryczna!

– Twoja jest większa – śmieje się Martynka. – Ale gdybyś rozsypał wokół niej worek cukru, wyglądałaby bardzo podobnie jak ten pociąg wśród ośnieżonych pól.

– Ciekawe, gdzie jest dom, w którym mieszkamy – próbuje zgadnąć Frania, z nosem przyklejonym do szyby.

Ale nie ma już czasu na oglądanie widoków. Wagonik zatrzymuje się, a drzwi rozsuwają się z cichym piskiem. Trzeba wysiadać.

ROZDZIAŁ 3

Gotowi, do biegu, start!

Zapraszamy – jakiś pan w czapce z kolorowym pomponem pokazuje dzieciom drogę. – Wy na zawody, prawda?

– Na zawody? – Martynka, Janek i Frania nie mieli pojęcia, że dziś na szczycie rozgrywane są ja-

kieś zawody. Ale właściwie, skoro już tu są… – Tak, oczywiście, czemu nie – zgadza się od razu Janek, a potem dopiero pyta: – Tatusiu, możemy, prawda?

Tata z uśmiechem kiwa głową. Pierwsze zawody narciarskie jego dzieci! Nie spodziewał się nawet, że czeka go dziś takie przeżycie.

Na polance, tuż za górną stacją kolejki, stoi trzydzieścioro dzieci w kolorowych kombinezonach. Wszystkie najwyraźniej czekają na pana w czerwonym swetrze, który właśnie idzie w ich stronę. Ma narty zarzucone na plecy, uśmiecha się szeroko i mówi:

– Witajcie! Mam na imię Paweł, jestem instruktorem jazdy. Mam nadzieję, że spędzimy dzisiaj razem miło czas.

– Kiedy zaczną się zawody? – chce wiedzieć Janek.

– Zawody? – śmieje się pan Paweł. – Chciałbyś tak od razu, z marszu, ruszyć na trasę? Oj, to mogłoby się szybko skończyć kontuzją. Dobry narciarz nie tylko musi świetnie jeżdzić, ale przede wszystkim powinien być rozsądny. Zapamiętajcie to na zawsze! Nie ryzykujcie bez potrzeby. Zwracajcie uwagę na innych ludzi na trasie. A przede wszystkim nie zapominajcie o rozgrzewce. Nigdy! Mięśnie i stawy potrzebują gimnastyki. Staną się bardziej elastyczne i szybciej będą reagować w czasie jazdy. A jeśli się przewrócicie, może dzięki temu uda wam się uniknąć kontuzji.

Zaczyna się więc rozgrzewka. Wymachy, skłony, dziwne zginanie kolan, raz w prawo, a raz w lewo. Nawet piesek próbuje ćwiczyć razem z dziećmi.

– No, myślę, że jesteście już gotowi – kiwa głową instruktor.
– Ruszamy? – Janek nie może się doczekać.
– Ależ skąd! – śmieje się pan Paweł. – Po rozgrzewce trzeba sprawdzić sprzęt. Czy buty są dobrze pozapinane i czy mocno trzymają kostkę? Czy wiązania na pewno są zapięte? Rękawiczki założone? Taśmy kijków odpowiednio owinięte wokół nadgarstków? A kaski? Dlaczego nie macie kasków? No, moi drodzy, jutro nie chcę tu nikogo widzieć bez kasku na głowie. To bardzo niebezpieczne. Muszę zmienić w takim razie trasę zawodów, nie będzie żadnych ostrych zjazdów, żadnych większych zakrętów. Bezpieczeństwo jest najważniejsze.

Janek wzdycha ciężko, ale wie, że instruktor ma rację. Nie powinni jeździć bez kasków.

– Pochylcie się lekko i na mój sygnał mocno odepchnijcie się kijkami. – Pan Paweł ustawia ich w jednej linii i udziela ostatnich wskazówek. – Będę cały czas jechał z boku. A na dole czeka moja koleżanka, pani Iwona. Widzicie ją? O tam, w zielonym kombinezonie.

Niech wygra najlepszy!

Pani Iwona wygląda jak zielona mróweczka. Jest tak daleko!

Martynce mocno bije serce. Czy naprawdę zdoła dojechać aż do pani Iwony? Nie miała nart na nogach od zeszłego roku, od ferii spędzanych u cioci. Ale tamte góry były dużo niższe… i nie było żadnych zawodów, tylko zwyczajna, pełna śmiechu, jazda z wujkiem i ciocią. Jednocześnie jednak bardzo się cieszy. Tak bardzo, że aż policzki rumienią się jej z radości. Uwielbia jazdę na nartach.

– Trzy, dwa, jeden, zero… START! – woła pan Paweł.

Niektóre dzieci przewracają się od razu na linii startu. Inne zderzają się ze sobą po kilku metrach. Ale nie Martynka! Ona pędzi przed siebie ile sił w nogach i rękach. Odpycha się kijkami, wychyla na nartach raz w lewo, raz w prawo.

„Zupełnie tak, jak na rozgrzewce!" – myśli nagle i rozumie już, dlaczego instruktor kazał im tyle razy zginać kolana. Postanawia podziękować mu, gdy tylko dotrze na metę. Nie ma już żadnych wątpli-

wości, czy sobie poradzi. Doskonale pamięta, jak jechać, jej ciało zachowuje się, jakby przez cały rok czekało na tę chwilę. Ten wiatr we włosach, biel otaczająca ją z każdej strony…

„Przede mną nie ma nikogo! Wyprzedziłam wszystkich!" – dociera do niej, gdy zbliża się do tunelu stworzonego przez świerki, rosnące po dwóch stronach trasy. Musi odrobinę schylić głowę, a i tak potrąca kilka gałązek. Opadające z nich kryształki lodu uderzają ją w twarz.

„Następnym razem koniecznie muszę założyć gogle" – myśli Martynka.

Koniec tunelu! Bierze kijki pod pachy, pochyla się mocniej i pędzi przed siebie.

Ale co to? Ktoś ją goni! Goni i szczeka przeraźliwie.

– Piesku, uważaj – Martynka denerwuje się na widok swojego jamniczka. – Uważaj, bo cię przejadę.

Zwalnia, choć przecież walczy o zwycięstwo w wyścigu. Nic jednak nie jest tak ważne, jak zdrowie jej pupila.

– Zmykaj, nie wchodź mi pod narty – krzyczy, ale piesek ani myśli jej posłuchać. Najwyraźniej chce coś pokazać swojej pani.

Martynka wzdycha ciężko i skręca w prawo, gdzie próbuje ją zaprowadzić jamniczek.

– Mam nadzieję, że to coś naprawdę ważnego – mruczy pod nosem dziewczynka.

Za jej plecami zaczynają się już pojawiać kolejni zawodnicy.

ROZDZIAŁ 4

Nieoczekiwana pobudka

Piesek najwyraźniej chce, żeby Martynka podjechała do drzewa stojącego na skraju dolinki. A raczej do kupki śniegu u jego stóp.
– O co chodzi, piesku? – dziewczynka wciąż nerwowo ogląda się za siebie. Zaraz ktoś ją wyprzedzi!

Ale nagle… nagle całe te zawody przestają mieć jakiekolwiek znaczenie, bo Martynka wreszcie dostrzega, co próbuje jej pokazać piesek. Pod drzewem, przy rozgrzebanej norce, siedzi skulone jasnobrązowe zwierzątko z wystającymi zębami. A obok drugie, trochę mniejsze.

– Cześć, świstaki! – uśmiecha się Martynka. – Wyglądacie na bardzo zaspane. Czy mój przyjaciel was obudził? Przyznaj się, pieseczku, rozgrzebałeś im norkę?

– Hau, hau – zaprzecza zdecydowanie jamniczek. Martynka przygląda się uważnie śladom na śniegu i już wie, że mały piesek nie zdołałby zrobić takiego spustoszenia. To musiał być wilk albo lis, albo jakiś wielki pies o silnych łapach. Narciarze często zabierają ze sobą psy na trasę…

– Przecież jest środek zimy – mówi Martynka do świstaka siedzącego najbliżej jej prawej narty. – A wy powinnyście spać od jesieni do wiosny. Co z wami teraz będzie?

Z norki wychodzą kolejne świstaki przerażone i zaskoczone tym, że świat jest cały biały. Pewnie nie widziały nigdy śniegu! Martynka przypomina sobie film przyrodniczy, który oglądała z tatą. Pokazywano tam niedźwiedzie i świstaki zapadające w sen zimowy już we wrześniu. Budziły się dopiero, gdy było już naprawdę ciepło. Chyba w kwietniu…

– Co wy teraz zrobicie, biedactwa? – wzdycha dziewczynka. Zdaje sobie sprawę z tego, że sama nie poradzi sobie z tym problemem. Musi jechać po pomoc, i to szybko. Jeśli świstaki rozbiegną się po całej okolicy w poszukiwaniu jedzenia, na pewno zginą. W tym filmie mówiono przecież, że powinny natychmiast znowu iść spać, ale najpierw trzeba im dać coś do jedzenia. A może to nie było o nich, tylko o nietoperzu, który obudził się w środku zimy? Martynka pamięta panią z butelką ze smoczkiem, która biegała za tamtym zwierzęciem. Ale jakie to było zwierzę? Nie może sobie przypomnieć! Musi więc znaleźć kogoś, kto wie dokładnie, jak pomóc

świstakom. Ten pies, czy wilk, może przecież wrócić w każdej chwili...

– Nie ruszajcie się stąd – mówi, choć wie doskonale, że świstaki nie rozumieją ani słowa. – Zaraz sprowadzę pomoc!

Dziewczynka znów z całej siły odpycha się kijkami i rusza w dół. Piesek pędzi za nią.

– Może powinieneś zostać? Popilnować świstaków? – woła do niego Martynka. Ale zaraz zmienia zdanie. Wie, że piesek znakomicie by sobie poradził z zaganianiem całego stadka pod drzewo. Zupełnie jak psy pasterskie, które widziała latem w Zakopanem. Ale ten wilk... albo wielki, groźny pies... Jeśli wróci, może zrobić krzywdę małemu jamniczkowi. Świstaki schowają się przed nim do norki, ale jamnik będzie bezradny. Nie, nie może go tak zostawić.

– Biegnij za mną! Biegnij! – krzyczy dziewczynka.

I jamniczek biegnie, choć nie jest mu łatwo. Krótkie nóżki zapadają się w zaspach, śnieg wpada mu do pyszczka, oczu, uszu...

Miasteczko jest coraz bliżej. Domki nie wyglądają już jak pudełka od zapałek. Widać wyraźnie ich dachy i placyk wokół kościoła, gdzie rozstawiono stragany z pamiątkami i z różnymi przysmakami.

„Ciekawe, czy mają jakieś ciastka" – myśli Martynka i nagle czuje, że jest strasznie głodna. Potrząsa głową. Nie wolno jej się teraz rozpraszać. Musi ratować świstaki!

– Brawo, mała! Jesteś cały czas na prowadzeniu! – woła nagle ktoś z prawej strony.

Martynka zwalnia zaskoczona i odwraca się w prawo.

– Pan Paweł? – rozpoznaje go tylko po czerwonym swetrze. W goglach i kasku na głowie wygląda zupełnie inaczej niż tam na górze.

– Jedź, jedź, nie zatrzymuj się! – woła instruktor. – Jesteś pierwsza, masz ponad pół minuty przewagi!

Ale Martynka hamuje tuż przed nim.

– Świstaki – dyszy. – Świstaki się obudziły! Ktoś rozgrzebał ich norę! Wielkimi łapami! Trzeba je ratować!

– Gdzie? – instruktor natychmiast rozumie, że sytuacja jest poważna.

– Tam… tam u góry, tuż przy tym wielkim drzewie za zakrętem – Martynka wskazuje mu drogę kijkiem. – Oglądałam film o tym, co trzeba zrobić z wybudzonym w środku zimy zwierzakiem, ale nie pamiętam – jest na siebie o to strasznie zła. – Dawali mleko z butelki, ale to chyba jednak nietoperzowi, więc…

– Jedź już! – pogania ją pan Paweł. – Jedź, a ja wszystkim się zajmę. Na mecie powiedz pani Iwonie, że zatrzymały mnie… eee…

– Świstaki? – podpowiada Martynka, odpychając się kijkami.

– Ważne sprawy! – poprawia ją szybko pan Paweł. – Zatrzymały mnie tutaj ważne sprawy służbowe. Zapamiętasz?

Martynka kiwa głową, ale instruktor już tego nie widzi. Jej sylwetka znika właśnie za trzema ośnieżonymi sosenkami.

„Żeby tylko nie zaczęła opowiadać na dole głośno o tych świstakach – wzdycha w myślach pan Paweł. – Zaraz zbiegnie mi się tutaj tłum gapiów, znajdzie się w nim jakiś przedszkolak, który będzie chciał pogłaskać śmiesznego pieska… i świstaki nie wrócą do nory, i pewnie nie dożyją wiosny".

Ale Martynka od razu domyśliła się, dlaczego instruktor poprosił ją, by nie wspominała o świstakach.

– Nie chce, żeby inni ludzie o nich wiedzieli. Chroni je! – uśmiecha się do siebie.

– Hau, hau! – przytakuje jej piesek, zadowolony, że tak szybko odgadła, o co chodziło temu miłemu panu, którego buty pachną jakąś wesołą, kudłatą suczką. Szkoda, że ta sunia nie może się teraz pobawić z jamniczkiem… Pewnie siedzi sama w domu i okropnie się nudzi.

– Biegnij, pieseczku – przywołuje go do porządku Martynka. – Biegnij jak najszybciej!

I dopiero na linii mety uświadamia sobie, że nie musiała już tak bardzo spieszyć się na dół. Przecież już wezwała pomoc! Zadanie zostało wykonane! A wyścigu, po tych wszystkich przygodach, nie zdołała przecież wygrać. I wcale jej to nie smuci. Uratowanie świstaków wydaje się Martynce nagle o wiele ważniejsze niż jakiś medal czy puchar, który by jej wręczono.

– Jesteś pierwsza! – woła nagle ktoś obok niej. – Brawo, wygrałaś! Jesteś pierwsza!

ROZDZIAŁ 5

Slalomem po medal

Słysząc te słowa, Martynka rozgląda się dookoła, starając się zahamować na oblodzonym stoku.
– Jak to? Wygrałam? To niemożliwe!
Widzi przecież wyraźnie Janka i Franię. A to oznacza, że oni dojechali na metę przed nią.

– Zjechaliśmy wyciągiem – woła Frania, kiedy Martynka mija ją i Janka. – Uznaliśmy, że nie damy sobie rady na tej trudnej trasie. Woleliśmy się wycofać.

– Twój brat i przyjaciółka zachowali się bardzo mądrze. Dobry narciarz nie ryzykuje bez potrzeby – mówi kobieta w zielonym kombinezonie. Pani Iza? A może Iwona? Martynka nie może sobie przypomnieć. Cała jej uwaga jest teraz skupiona na hamowaniu. Okazuje się, że to znacznie trudniejsza sztuka, niż przypuszczała. Zamiast śniegu na mecie jest sam lód! Nie da się nawet wbić w niego kijków. W dodatku…

– Uciekaj! Nie wchodź mi pod narty! – prosi Martynka pieska.

– Hau, hau! – odpowiada jamniczek radośnie, zupełnie jakby uważał to za świetną zabawę. I znów wybiega przed dziewczynkę, niemal dotykając ogonem czubków jej nart.

– Uważaj! – krzyczy Martynka, coraz bardziej zdenerwowana.

Piesek ani myśli jej słuchać. Najwyraźniej uznał, że bawi się w berka z tymi szpiczastymi deskami przypiętymi do nóg jego pani.

– Złapię go! – woła do Martynki Frania i rzuca się na jamniczka.

Niestety, piesek wyślizguje się jej z rąk.

– Aaaa! – Frania traci równowagę i przewraca się prosto pod nogi Martynki.

– Aaaaa! – nie chcąc zrobić krzywdy przyjaciółce, Martynka sama przewraca się na bok, a potem koziołkuje po zboczu.

Frani nic nie jest, leży na śniegu i śmieje się z całej przygody, ale Martynka…

– Zatrzymaj się! – woła Janek przerażony.

– Rzuć kijki! – nakazuje pani Iwona. – Zasłoń głowę ramionami!

Uff, na szczęście Martynka wreszcie wyhamowała. Pani Iwona biegnie do niej, Janek podaje jej rękę.

– Wszystko w porządku… chyba nic mi nie jest – mówi Martynka, otrzepując się ze śniegu.

Piesku, nie wchodź Martynce pod narty! Uważaj!

– Podnieś nogę… teraz rękę… Powiedz, ile mam palców – pani Iwona sprawdza, czy naprawdę nic się nie stało. Badanie wypada pomyślnie. Pomocnica pana Pawła oświadcza z uśmiechem: – Nogi masz całe, ręce też, możesz więc przyjmować gratulacje za wygraną w pierwszym z dzisiejszych wyścigów.

– Byłaś wspaniała! – woła Frania.

– Nieźle, siostrzyczko! – Janek z uznaniem kiwa głową.

– Hau, hau! – piesek też chce pogratulować swojej pani. Ale gdzie on jest?

– Pieseczku? – Martynka rozgląda się niepewnie.

– Hau, hau! – głos dobiega z wnętrza śniegowej kuli, leżącej tuż koło jej nart.

Martynka otwiera szeroko oczy ze zdumienia.

– Widzę, że też zrobiłeś kilka niezłych fikołków! – śmieje się i pomaga pieskowi wydostać się z białej, zimnej pułapki. – Będziesz miał nauczkę, żeby już nikomu nie wbiegać pod narty.

– Hau, hau! – obiecuje piesek.

Pani Iwona rozgląda się dookoła.
– Gdzie się podział ten Paweł? – pyta.
– On… Zatrzymały go śśśśśśś… sssss… strasznie ważne sprawy służbowe – Martynka w ostatniej chwili gryzie się w język, żeby nie wygadać się o świstakach. Nie w tym tłumie!
– Sprawy służbowe? – mówi pani Iwona, wzruszając ramionami. – Sprawy służbowe to on ma tutaj, miał się zająć wyścigami… No cóż, poradzimy sobie bez niego. Przed nami druga konkurencja dzisiejszych zawodów: slalom. Kto ma ochotę wystartować, proszę do mnie!
– Slalom? Czyli jazda między tyczkami, które trzeba omijać raz z lewej, a raz z prawej strony? – upewnia się Janek. – O nie, dziękuję bardzo! Próbowałem w zeszłym roku. Tyczki strasznie biły mnie po kolanach, miałem siniaki chyba przez dwa tygodnie.
– Nasze tyczki są miękkie, nie narobią ci siniaków – zachęca pani Iwona, ale chłopiec za nic nie daje się przekonać.

Inne dzieci też nie mają jakoś ochoty spróbować swych sił w slalomie. Większość z nich dopiero zaczęła się uczyć jazdy na nartach, nie radzi sobie zbyt dobrze ze skrętami. Tylko jeden mały chłopiec dzielnie staje na starcie – ale przewraca się już na pierwszej bramce.

– A ty? – pyta Martynkę instruktorka. – Spróbuj!

I Martynka próbuje. Pierwszy raz w życiu jedzie między tyczkami. Lewa, prawa, lewa…

Kątem oka sprawdza, czy piesek nie biegnie gdzieś blisko jej nóg, ale nie – najwyraźniej zrozumiał w końcu, że to może być niebezpieczne.

Jeszcze trzy tyczki i meta! Martynka przejechała całą trasę w półtorej minuty. Oddycha ciężko, ale jest bardzo zadowolona z siebie.

– Brawo! – Tatuś stoi na mecie i klaszcze w dłonie.

– Mam tu medale dla naszej zwyciężczyni – mówi pan Paweł, który pojawił się przy ostatniej tyczce nie wiadomo skąd. Zakłada Martynce pierwszy medal, za zjazd, i drugi, za slalom, a potem szepcze jej do ucha:

– Przyjechali strażnicy z parku narodowego i zajęli się nimi. Są już bezpieczne, nie martw się.

– Dziękuję – mówi Martynka i puszcza oko do instruktora, a on odpowiada jej tym samym.

– Czy mogę zrobić ci zdjęcie do lokalnej gazety? – pyta reporter z aparatem fotograficznym.

Martynka pozuje mu ze swoimi medalami, ale zaraz zaczyna wołać jamniczka, który towarzyszył jej w obu wyściągach. Piesek jednak zniknął!

ROZDZIAŁ 6

Janek planuje przyszłość

Gdzie jesteś? Pieseczku, gdzie jesteś? – niepokoi się Martynka i biega wokół mety, zataczając coraz szersze kręgi.

– Piesku! Hop, hop! – Frania zagląda w każdy kąt. Aż pobladła z wrażenia.

– Może pobiegł na dół, do naszego pensjonatu? – podpowiada tata. – Przecież zna drogę. Na pewno jest już zmarznięty, zmęczony, głodny…

– Nie poszedłby sam tak daleko, to niemożliwe – kręci głową Martynka.

Ona też jest już zmęczona, głodna i marzy o gorącej kąpieli. Ale nie zamierza ruszyć się z tego stoku, dopóki nie odnajdzie swojego kudłatego przyjaciela.

– A może pobiegł do bałwana, którego razem lepiliśmy rano? – Frania sama nie bardzo wierzy w to, co mówi. Po co piesek miałby iść do jakiegoś zimnego jak lód niemowy? Przecież w jego towarzystwie wcale nie będzie mu weselej niż tutaj z dziećmi. I na pewno nie dostanie tam nic do jedzenia.

– Wiem! – uśmiecha się Janek. – Jest coś, co nasz piesek uwielbia. Coś, co zawsze chce robić w górach. Robił to rok temu codziennie u cioci. Martynko, pamiętasz?

– No jasne! – kiwa głową Martynka. – Jeżeli zobaczył to gdzieś w pobliżu, to na pewno… na pewno… Panie Pawle, czy ktoś ma tutaj sanki?

– Sanki? Ale przecież nie możecie jechać na sankach z takiej stromej góry całkiem sami... – instruktor jest przerażony.

– Nie chcemy nigdzie jechać – śmieje się Martynka. – Po prostu szukamy pieska. A on pewnie siedzi na sankach i czeka na przejażdżkę. Zawsze tak robi, gdy je zobaczy. Siada i czeka w nadziei, że ktoś się nad nim zlituje i zjedzie z nim z górki, chociaż raz.

– Czworonożny saneczkarz? – puszcza do niej oko pan Paweł. – Tam, pod daszkiem, stoją sanki. Całe mnóstwo sanek. Duże, małe, sportowe i takie, którymi cała rodzina może jechać na kulig...

Janek miał rację. Piesek siedzi na największych saniach i wesoło merda ogonem. Zupełnie, jakby chciał powiedzieć: „Na co czekacie?

Zostawcie te dziwaczne deski, na których się przewracacie, i wskakujcie na sanki".

– Masz ochotę na przejażdżkę, tak? – pyta Frania z uśmiechem.

A Martynka chwyta pieska w ramiona i mówi:
– Ale mi napędziłeś strachu! Nigdy więcej tak nie znikaj!

– Zrobimy kulig na tych wielkich saniach – obiecuje pani Iwona. – Ale trochę później. Teraz musimy z panem Pawłem uprzątnąć stok po zawodach. A wy wszyscy powinniście coś zjeść.

Martynka przypomina sobie, że jest bardzo głodna. Biegnie więc za panią Iwoną do schroniska i kupuje sobie wielki talerz pysznego, gorącego rosołu. Tata często powtarza, że w mróz najlepszy jest gorący rosół. Ale teraz tata nie może usiąść obok niej i zjeść swojej porcji. Został na stoku z Jankiem i Franią. Tak bardzo pro-

sili, żeby pozwolił im przejechać się na sankach, chociaż raz, jeszcze przed obiadem. Piesek też nie zamierzał nigdzie iść przed przejażdżką.

– Nie mam wyjścia – śmiał się tata. – Ten jamnik jest bardzo uparty, mój syn też… Wskakujcie na sanki!

– To jeszcze lepsze niż narty! – opowiada Janek po powrocie do schroniska znad swojej porcji rosołu. – Był tam taki pan, który jeździ wyczynowo na sankach. To znaczy, no wiecie, może startować nawet na olimpiadzie. Te jego sanki są zupełnie inne niż nasze. Takie małe, lekkie. Pokazywał nam, jak się na nich skręca, hamuje… To jest fantastyczne! Zupełnie jak samochód wyścigowy z płozami zamiast kółek. Jak będę dorosły, zostanę saneczkarzem!

– Hau, hau! – szczeka piesek.

– Ty też chcesz być saneczkarzem? – śmieje się Martynka. – No nie wiem… obawiam się, że piesków nie przyjmują do kadry.

Wszyscy mają świetne humory, żartują i zajadają z apetytem. Przysiada się do nich na moment chłopiec, który przyniósł do schroniska wielkie dzwonki. Podobne jak dla krów, ale znacznie większe.

– Mają wisieć przy wejściu – mówi.

Martynka nie bardzo rozumie, po co przy drzwiach do schroniska takie ogromne krowie dzwonki, ale zanim zdąży o to zapytać, drzwi się otwierają, a do sali wchodzi pan, który pokazywał Jankowi swoje sanki. I idzie prosto do ich stolika!

– Jeśli macie ochotę zobaczyć trening na prawdziwym torze saneczkowym, to zapraszam. Jedziemy za pięć minut tamtym czerwonym busikiem.

Dzieci na wyścigi kończą swój obiad i biegną do busa. Co za niespodzianka! Zobaczą z bliska trening.

Kolorowe kaski błyszczą w słońcu. Metalowe płozy sanek skrzypią na lodzie. Martynce aż kręci się w głowie od tych wszystkich zakrętów, które pokonują saneczkarze tuż przed jej nosem.

– Oni wyglądają trochę jak kosmonauci w tych swoich kombinezonach i kaskach – śmieje się Frania.

– Ja zawsze będę jeździł w złotym kasku – postanawia Janek. – Złoty kask na głowie, złoty medal na szyi, zobaczycie!

– No, wystarczy na dziś – mistrz, który ich tu przywiózł, zdejmuje zielony kask i z trudem łapie powietrze. – Muszę wziąć prysznic, zjeść coś i iść spać.
– O tej porze? Jest jeszcze jasno – dziwi się Martynka.
– Zaczynam treningi o piątej rano – wyjaśnia miły pan. – Więc o zachodzie słońca mój dzień już się kończy…
Busik podwozi dzieci do wyciągu krzesełkowego. Stąd zjadą prosto do miasteczka.
– Dziękujemy! – wołają wszyscy i machają do swojego nowego znajomego. – Będziemy pana zawsze wypatrywać w telewizji!
Wskakują jedno po drugim na metalowe krzesełka. I jadą powoli w dół. Martynka wpatruje się w ciche uliczki miasteczka, nad którym zachodzi słońce. Ze wszystkich stron idą narciarze, wracający do swoich hotelików. Martynka wychyla się odrobinę – usiłuje zobaczyć bałwana, którego ulepili rano. Ciekawe, czy jeszcze ciągle tam stoi.

ROZDZIAŁ 7
Jaki straszny duch!

Bałwan stoi na swoim miejscu. Stoi? Nie, on się porusza! Naprawdę! Dzieci wyraźnie widzą, że rusza ręką! I macha im szalikiem!

Martynkę ogarnia potworny strach. Piesek chowa się za jej nogami, popiskując z przerażeniem. Frania i Janek wstrzymują oddech.

– Duch – szepcze Frania. – Ten bałwan żyje. To duch, mówię wam!

– Na mój znak – mówi Janek, stojąc jak mumia i nie mrugając nawet okiem – odwracamy się i zaczynamy biec ile sił w nogach. Policzę do trzech i wtedy…

Jedna ręka bałwana unosi się w powietrze, macha do nich ostrzegawczo i z trzaskiem upada na ziemię. Nikt już nie czeka, aż Janek policzy do trzech. Wszyscy odwracają się i biegną.

– Aaaaa! On nas zaraz złapie!

– Jest tuż za mną!

– Chwycił mnie za nogawkę i chyba chce ją zjeść!

Nogawkę? Czy naprawdę groźne duchy obgryzają dzieciom nogawki? I czy wydają takie dziwne dźwięki? Duch powinien chyba potrząsać łańcuchami i wyć złowrogo, podczas gdy zza pleców Martynki dobiega coś zupełnie innego. Dziewczyn-

ka, przełamując strach, zatrzymuje się i ogląda za siebie.

– To nie duch! – śmieje się głośno. – Spójrzcie sami, będziecie mieli niezłą niespodziankę.

Frania staje niepewnie. I zaraz też wybucha śmiechem. Janek nie ma więc wyjścia. Zatrzymuje się mimo wizji pożerającego go ducha. I po chwili on także zwija się ze śmiechu.

– Ojej! To koza! Koza biała jak śnieg. Dlatego nie było jej widać, gdy stała za bałwanem i obgryzała gałązki, z których zrobiliśmy mu ręce.

Dzieci leżą na śniegu i zaśmiewają się do łez. Dały się nabrać zwykłej, białej kozie. Uciekały przed nią, przerażone. Tata stoi kawałek dalej i śmieje się w głos, obserwując tę całą scenę.

– Hau, hau! – mówi dumnie piesek. Może on naprawdę już dawno wiedział, że to nie żaden duch?

– Nie bądź taki dumny z siebie… Też dałeś się nabrać! – Martynka zerka na niego podejrzliwie. – Chowałeś się przecież za moimi nogami i trząsłeś

jak osika, prawda? Bałeś się tak samo jak my, przyznaj się!

– Hau, hau – odpowiada piesek, już zupełnie innym tonem. Jego pani ma rację, jak zwykle.

– Ale czego ta koza szukała we wsi? – zastanawia się Janek, nagle poważniejąc. – Przyszła tak blisko domów…

– Może jej właściciel mieszka w pobliżu stacji kolejki i wyciągu krzesełkowego? – zgaduje Frania.

– A może po prostu jest głodna? – Martynka jest chyba najbliższa prawdy. – Pewnie marzy o świeżej, zielonej trawie. A tu wszędzie biało i biało.

– Skusiły ją rączki naszego bałwana – mówi Janek.

– Albo zielone paski na jego szaliku – uśmiecha się Frania.

– Pożegnajcie kozę i poczekajcie tu na mnie – woła tata, który wreszcie przestaje pokładać się ze śmiechu. – Wejdę tylko do sklepu i kupię chleb na kolację.

– Zgoda – uśmiechają się do niego dzieci. Zaraz pożegnają się z kozą…

Ale koza chyba nie zamierza się z nimi żegnać. Stoi i patrzy na nich, jakby czegoś chciała. Przestępuje z nogi na nogę, macha niecierpliwie ogonem i beczy, coraz głośniej i głośniej.

– Mamy odprowadzić cię do domu? – zgaduje Martynka. – Ale gdzie jest twój dom? Zaprowadzisz nas tam? Podpowiesz nam coś?

– Beeee! – odpowiada koza, nie ruszając się z miejsca.

– Chyba jednak musimy ten jej dom znaleźć sami – wzdycha Janek. – Tylko jak mamy to zrobić? Pukać do wszystkich drzwi po kolei i pytać: „Czy państwu przypadkiem nie uciekła biała koza z długą bródką?". Do rana nie obejdziemy wszystkich domów w miasteczku!

– Ludzie nie trzymają kóz w zwykłych domach – mówi Frania. – Możemy od razu ominąć wszystkie małe domki bez obory czy stodoły. Hotele, pensjonaty, sklepiki i restauracje też raczej nie wchodzą w grę.

Chodź, poczekasz tu, aż znajdziemy twojego właściciela.

– Robi się ciemno – mówi Martynka. – A koza mogła uciec z jakiegoś gospodarstwa po drugiej stronie miasteczka. A może nawet z wioski po drugiej stronie doliny? Wygląda na zmęczoną i głodną, na pewno błąka się tu od paru godzin.

– Nie możemy biegać po okolicy przez całą noc – kręci głową Frania. – Obiecaliśmy przecież waszemu tacie, że będziemy tu na niego czekać. Będzie przerażony, jeśli wyjdzie ze sklepu i zobaczy, że nas nie ma.

Frania ma rację. Mieli czekać na tatę. Obiecali, że nie będą przechodzić przez jezdnię, ani nigdzie odchodzić. Mieli po prostu stać i czekać. I żegnać się z kozą.

– Musimy przechować ją gdzieś bezpiecznie do rana – postanawia Janek. – Gdzieś, gdzie będzie jej ciepło i będzie miała co jeść. Wstaniemy, gdy tylko wyjdzie słońce, i ruszymy na poszukiwania jej właściciela. Oczywiście razem z rodzicami.

Martynka i Frania kiwają głowami. To faktycznie jedyne rozwiązanie.

Pozostaje tylko pytanie, gdzie jest to ciepłe i bezpieczne miejsce, w którym koza poczeka do rana…

– Spójrzcie, tam jest takie malutkie gospodarstwo. Widzę owieczkę! I dwie kozy! – Frania staje na palcach i zagląda przez ogrodzenie. – Kózko, chodź, zaprowadzimy cię do koleżanek. No chodź!

– Beee! Beee! – Koza najwyraźniej nie ma ochoty nigdzie iść.

Dzieci, spocone i zdyszane, ciągną ją do kamiennego budyneczku.

– Zobacz, jak tu ładnie – zachęca Martynka. – Jest siano i jakieś zboże, chyba owies? Lubisz owies?

– Beee! – Koza chce zielonej trawy, a nie suchego owsa. Ale na nią będzie musiała poczekać do wiosny.

– Rano po ciebie przyjdziemy – obiecuje Martynka, ocierając pot z czoła. – Bądź grzeczna. Poszukamy teraz właściciela tej obórki i poprosimy, żeby pozwolił ci tu przenocować.

Ale właściciela nigdzie nie widać. Jest za to tata. Stoi na ulicy, z bagietką i wielkim bochenkiem chle-

ba w ręku, i rozgląda się za dziećmi. Od razu widać, że jest zdenerwowany.

– Tu jesteśmy! – woła Janek i macha mu ręką. – Możemy już wracać do naszego mieszkanka.

– Ktoś się zdziwi, że ma o jedną kozę więcej niż zwykle – mówi do brata Martynka. Ma tylko nadzieję, że rano uda im się jakoś wszystko wytłumaczyć właścicielowi obórki.

– Myślicie, że on odda kozę? – dopytuje się Frania. – Może przecież udawać, że o niczym nie wie i że to zwierzę należy do niego od lat… Nie udowodnimy mu, że tak nie jest. Zresztą nie można tak po prostu podrzucać kóz na jedną noc!

– Pospieszcie się, mam tu gorące bułeczki na kolację – mówi tata.

I dzieci, ciężko wzdychając, odchodzą od kamiennego domku pełnego zwierząt.

W połowie drogi do pensjonatu spotykają bardzo zmartwioną starszą panią. Ociera łzy i pyta:

– Nie widzieliście gdzieś kozy? Niedużej, całkiem białej, z długą bródką? Przestraszyła się dzisiaj huku jakiegoś motoru, który mijał nasz dom, i uciekła. Od rana za nią biegam po całej okolicy.

– Jest tutaj! Zaraz panią zaprowadzimy – cieszy się Martynka.

– Znaleźliśmy jej naprawdę luksusowy nocleg – dodaje Janek. – Udało nam się wypatrzyć budynek, w którym… – Nie kończy tego zdania, widząc, że tata ze srogą miną zerka na niego i na Martynkę.

Wreszcie tata kręci głową i mówi:

– Chyba będziecie musieli mi coś wytłumaczyć… Mieliście po prostu pożegnać tę kozę, prawda?

ROZDZIAŁ 8
Niespodzianka

Następnego ranka ktoś puka do drzwi, akurat wtedy, gdy Martynka myje zęby po śniadaniu. Nie słyszy więc całej rozmowy… Docierają do niej tylko radosne piski Frani i okrzyki Janka.

– Super! Dziękujemy! – woła jej brat.

– Jak cudownie! – ekscytuje się, zwykle spokojna, Frania.

Martynka szybko wyciera ręce i wybiega zaciekawiona. Co mogło ucieszyć Janka i Franię tak wcześnie rano?

– Przyszedł do nas syn pani, której pomogliście wczoraj znaleźć kozę – mówi mama z tajemniczym uśmiechem. – Jest znajomym właściciela naszego pensjonatu i ma dla was niespodziankę. W podziękowaniu…

– A ja już wiem, jaka to niespodzianka! – woła podekscytowany Janek.

– Ja też, ja też! – podskakuje radośnie Frania.

– Hau, hau! Hau, hau! – piesek macha ogonkiem jak szalony.

– Chyba tylko ja nie mam pojęcia, o jaką niespodziankę chodzi – wzdycha Martynka. I dopiero teraz zauważa pana w kapeluszu stojącego skromnie przy drzwiach.

– Sanie zajechały – mówi mężczyzna.

Piskom i krzykom nie ma końca.

– Rzuciłabym się panu na szyję, gdyby wypadało rzucać się na szyję nieznajomym – mówi poważnym tonem Frania.

A mama pilnuje, żeby dzieci założyły kurtki, szaliki, czapki i rękawiczki.

– Dobrej zabawy! – woła, machając im na pożegnanie.

– Odwiozę ich na obiad – obiecuje miły pan.

Pod pensjonatem stoją wielkie sanie zaprzężone w pięknego konia.

– Czy on się na pewno nie zmęczy? Da radę ciągnąć tyle osób? – upewnia się Martynka.

– Oczywiście – kiwa głową pan. – Nasze konie są przyzwyczajone do pracy.

– Konie? Czy to znaczy, że ma ich pan więcej? – pyta Janek.

– Cztery – wyjaśnia pan i obiecuje, że będą mogli poznać wszystkie jego zwierzęta. – Mam nie tylko konie, ale także owce i osiemnaście kóz!

– Osiemnaście kóz? – pyta Frania. – Nic dziwnego, że ta biała ślicznotka chciała trochę pobyć w samotności.

– Ona ciągle robi mojej mamie takie psikusy – opowiada pan, biorąc do rąk lejce. – Raz nawet wdrapała się na drzewo! Nikt nie wie, jak to zrobiła. Ale mama najbardziej lubi właśnie ją… Może dlatego, że karmiła ją butelką, gdy się urodziła… Weterynarz mówił, że uratowała ją cudem, siedziała przy niej dnie i noce. I teraz Śnieżka jest jej pupilką.

– Śnieżka? – uśmiecha się Martynka. – Zastanawiałam się wczoraj przed zaśnięciem, jak jej na imię.

– Wszystkie nasze zwierzęta mają imiona, nie tylko Śnieżka. Na przykład koń, który nas wiezie, to Motylek.

– Ten wielki koń raczej nie przypomina motylka – chichocze Janek.

– Nie chodzi o wielkość, tylko o jego długie rzęsy. Zupełnie jak motyle skrzydła – wyjaśnia pan w kapeluszu.

Martynka rozgląda się na wszystkie strony. Ach, jak wspaniale zaczął się ten dzień! Tak po prostu jadą sobie saniami w nieznane… Czy mogła ich spotkać dziś milsza niespodzianka?

Koza Śnieżka zachowuje się, jakby doskonale ich pamiętała. Przybiega do dzieci, ociera się o ich nogi jak kot, beczy, jakby chciała zaprosić Janka do zabawy.

– Jest wam wdzięczna za pomoc – uśmiecha się starsza pani. – Ja też jestem wam bardzo wdzięczna.

– Ale tamten pan… albo pani… właściciel tamtej obory… On chyba nie był zachwycony? – Frania nie może przestać myśleć o tym, że podrzucili komuś kozę bez pytania.

– Rozśmieszyła go ta cała sytuacja. I wcale nie był na was zły – uspokaja ją właścicielka Śnieżki.

– Trudno przecież złościć się na dzieci, które dbają o zwierzęta.

– Nie macie przypadkiem ochoty pojeździć na łyżwach? – pyta nagle pan w kapeluszu. – Staw jest solidnie zamarznięty, pożyczyłem od sąsiada łyżwy jego wnuków. Przymierzcie, czy będą na was dobre.

Ta niespodzianka jest jeszcze lepsza niż przejażdżka saniami! Martynka zawsze marzyła o tym, żeby nauczyć się jeździć na łyżwach, ale nigdy nie miała okazji. Najbliższe lodowisko znajduje się tak daleko…

– Nauczę cię wszystkiego! Na Nowy Rok pojechałam z rodzicami do kuzynki i codziennie chodziłam z nią na ślizgawkę – mówi Frania.

Faktycznie. Piruety w jej wykonaniu wyglądają prawie jak te w telewizji. Martynka kręci z podziwem głową. Ona ledwo stoi na łyżwach, które przyniósł jej pan w kapeluszu.

– Może są na ciebie za duże? – pyta mężczyzna.

– Za duże nie, ale chyba za cienkie. Okropnie trudno utrzymać na nich równowagę, to ostrze jest zbyt mocno zatemperowane – mówi Martynka, której zbiera się na płacz.

Martynka coraz lepiej radzi sobie na lodzie.

Wszyscy zaczynają się śmiać z tego, co mówi.
– Za cienkie łyżwy! Za mocno zatemperowane! Też coś! – Janek aż trzyma się ze śmiechu za brzuch.
– To pokaż mi, braciszku, jak się jeździ – Martynka doskonale wie, że Janek też nigdy jeszcze nie próbował swoich sił na ślizgawce. I po chwili to ona śmieje się z niego. Jej brat po każdym kroku ląduje na pupie na twardym lodzie.
– Za twardy ten lód! – mówi chłopiec. I sam zaczyna się z siebie śmiać.
Teraz już brat i siostra zaśmiewają się razem do łez. I pod okiem Frani i miłego pana w kapeluszu próbują stawiać pierwsze kroki na lodzie. Z minuty na minutę idzie im coraz lepiej.
Do piruetów, które kręci Frania, droga jeszcze daleka, ale udaje im się przejechać w końcu z jednego brzegu lodowiska na drugi bez upadku.
– Brawo! – chwali ich Frania. Pamięta jeszcze doskonale swoje pierwsze lekcje i to, jak trudno jej było utrzymać równowagę.

ROZDZIAŁ 9

Lista niebieska i lista czerwona

Tego dnia cała trójka kładzie się do łóżek bez proszenia. Są wyczerpani i mają mnóstwo wspaniałych wspomnień.

– Najfajniejsza była jazda na łyżwach! – mówi Martynka, zachwycona tym, ile zdołała się nauczyć przez kilka godzin.

– Najfajniejsze było to, że niczego się nie spodziewaliśmy – uśmiecha się Frania. – Taka niesamowita niespodzianka! Ktoś puka do drzwi i wszystko nagle zmienia się jak za dotknięciem czarodziejskiej różdżki! Jak w jakimś filmie albo w bajce...

– Tak, to było super – zgadza się z przyjaciółką Martynka. – Ale nic nie może równać się z tym, jak wracaliśmy saniami do domu po ciemku z pochodniami drogą przez las... Taki kulig to jest coś!

– Dziękujemy, mamusiu, że pozwoliłaś nam zostać u Śnieżki i jej opiekunów na obiad, jak do ciebie zadzwonili! – Janek przytula się do mamy. – I tobie, tatusiu, też... Gdybyście się nie zgodzili, nie mielibyśmy takiej fantastycznej nocnej wycieczki saniami!

– A co będziemy robić jutro? – pyta Martynka. – Pójdziemy znowu na narty? Chciałabym, żeby pan Paweł albo pani Iwona nauczyli mnie lepiej hamować...

– A może zrobimy małą pieszą wycieczkę? – proponuje mama. – Prognoza pogody jest dobra, moglibyśmy przejść się kawałek…

Tata przykrywa wszystkich kołdrami, całuje na dobranoc i mówi:

– Zastanówcie się, na co macie ochotę. Wy decydujecie! Rano powiecie nam, czy wybraliście narty, sanki, pieszą wyprawę czy może wizytę w muzeum. My się do was dostosujemy. Choć polecam pieszą wycieczkę, bo ona wiąże się z kolejną niespodzianką. Dobranoc!

– Dobranoc! – odpowiadają chórem dzieci. A gdy tylko drzwi zamykają się za tatą, Martynka, Janek i Frania zaczynają piszczeć z wrażenia. Mogą sami wybrać! Zdecydować! Zaplanować!

– Czy to nie wspaniałe? – wzdycha z zachwytem Martynka. – Jest tyle możliwości…

Przez kolejny kwadrans dzieci dyskutują o tym, co mogłyby robić następnego dnia. Wymyślają różne

wycieczki po okolicy. Planują ulepienie czterdziestu bałwanów – po jednym na końcu każdej uliczki w miasteczku. Albo siedzenie cały dzień pod kołdrą i opowiadanie o duchach. Albo przebranie się za duchy i bieganie po ulicach.

– Już widzę, jak mama przychodzi rano i pyta, co chcemy robić, a my na to: „Założymy prześcieradła i będziemy straszyć narciarzy". Wyobrażacie sobie jej minę? – Janek aż zaśmiewa się do łez.

– Tak naprawdę to wcale nie byłoby fajne – mówi Frania. – Straszenie obcych ludzi wydaje się śmieszne tylko wtedy, kiedy się o tym mówi. Ale tak wyjść w prześcieradle na ulicę? I sprawić, że jakieś dzieci zaczną płakać z przerażenia? Nie, wcale nie chciałabym tego robić.

– Więc może jednak piesza wycieczka? – Martynka wraca do pierwszego pomysłu. – Tata mówił, że wyprawa zakończy się niespodzianką. Może zabierze nas na gorącą czekoladę? No i moglibyśmy wejść na najwyższą skałę w okolicy.

– Pewnie jest bardzo oblodzona – mówi Frania.

Ale Jankowi już podoba się ten pomysł. Oczyma wyobraźni widzi siebie zdobywającego szczyt.

– Weźmiemy liny, założymy takie specjalne kolce na buty… I weźmiemy takie… takie jakby siekiery, z jednym końcem zakrzywionym… Wiecie, alpiniści zawsze mają je ze sobą. Jak one się nazywają?

– Czekany – podpowiada Martynka. Trochę zaczyna ją przerażać ta wspinaczka, żałuje już niemal, że o niej wspomniała. – Jeśli naprawdę mamy tam iść, musimy zrobić listę wszystkiego, co będzie nam potrzebne.

– Mam tu dwie kartki. – Frania uwielbia robić listy. – Na jednej zapiszę niebieskim długopisem to, co będzie nam bardzo potrzebne. A na drugiej czerwonym to, co będzie potrzebne jeszcze bardziej.

Listy powstają chyba przez godzinę. W końcu na niebiesko zapisanych jest pięć pozycji:
- buty do wspinaczki
- ciepłe kurtki
- szaliki, czapki i rękawiczki

- krem z filtrem (słońce w wysokich górach zimą też jest bardzo ostre!)
- plecaki z zapasem jedzenia (suchary, kanapki, termos z herbatą malinową, woda, palnik, żeby w razie potrzeby rozpuścić trochę śniegu albo ogrzać zamarznięte kanapki).

Frania nie jest pewna, czy naprawdę będą rozpuszczali śnieg nad palnikiem, żeby mieć co pić… ale na wszelki wypadek dopisuje: palnik.

Lista czerwona jest o jedną pozycję krótsza:
- mocne liny
- szczegółowa mapa
- czekany
- haki (dopisek, na życzenie Janka: Nie wiemy, czy to się nazywa haki, ale chodzi o takie metalowe wielkie gwoździe do wbijania w skałę. Potem na hakach zaczepia się linę).

– Myślicie, że będziemy umieli wbić w skałę taki hak? – pyta Martynka niepewnie, patrząc na listę. Odpowiada jej jednak tylko cisza. Janek i Frania śpią

już kamiennym snem. Piesek też pochrapuje cichutko w nogach łóżka.

    Dziewczynka gasi więc światło i natychmiast zasypia. Oczywiście śni jej się wędrówka po górach. Bardzo chce wbić hak w skałę, ale nie wie, jak to zrobić. Chodzą z Franią same. Nie ma z nimi Janka ani rodziców, jest tylko piesek, jeszcze bardziej przerażony niż one.

    Nagle, nie wiadomo skąd, pojawia się przed nimi postać w zielonym płaszczu. Staruszek z długą brodą, pykający fajkę.

– Pomoże nam pan wbić hak w skałę? Musimy dostać się na tę górę! – prosi go Frania.

Staruszek uśmiecha się, otwiera usta i…

– Beeeee! – okazuje się, że to nie człowiek, tylko koza. Ich stara znajoma, Śnieżka! Zrzuca płaszcz i zaczyna skakać z kamienia na kamień, coraz wyżej i wyżej.

– Nie zostawiaj nas tutaj! Pomóż nam! – woła Martynka.

I nagle…

Uff! To był tylko sen! Nie ma kozy, staruszka w zielonym płaszczu, a przede wszystkim nie ma żadnych haków, które trzeba wbijać w pionowe ściany.

„Jak to dobrze… – myśli Martynka, siedząc na łóżku i głęboko oddychając – że nie muszę iść na żadną przerażającą wycieczkę bez rodziców!"

ROZDZIAŁ 10

Gdy zaczyna sypać śnieg...

Rano mama bardzo uważnie przegląda obydwie listy: czerwoną i niebieską, a potem uśmiecha się i kiwa głową.

– Zapasy jedzenia, picia, buty, kurtki, szaliki… Wszystko to racja. Ale haki? I czekany? Bez przesady! To będzie tylko mały spacer, na końcu którego będzie na was czekać niespodzianka.

– Mały spacer? – Janek nie zwraca uwagi na obietnicę niespodzianki. Jest zawiedziony. – Myślałem, że będziemy się wspinać. Jak prawdziwi alpiniści!

– Góry zimą są bardzo niebezpieczne. – Mama nie może uwierzyć, że jej dzieci poważnie myślały o wspinaczce w śniegu. – Wystarczy jeden nieostrożny krok, by wywołać lawinę. Przekonacie się sami, że w takich warunkach nawet niedaleka wycieczka po dolince wcale nie jest łatwa.

Janek trochę się boczy. Miała być wielka przygoda, a wyszedł z tego zwykły spacer.

Martynka i Frania są jednak bardzo zadowolone, że nie będą musiały wbijać haków w skały i obwiązywać się linami.

– Może moglibyśmy wejść chociaż na jedną niedużą górę? – nie rezygnuje Janek.

Tata śmieje się i stuka w szkiełko zegarka.

– Za godzinę o tej porze będziesz błagał, żebyśmy wrócili do hotelu – mówi. – Mogę się z tobą założyć…

Zakładają się więc. Jeśli po godzinie wędrówki Janek wciąż będzie miał ochotę na wspinaczkę, tata poprosi doświadczonego przewodnika, żeby poszedł z nimi na jedną z niższych gór.

– No to załatwione! Będę się wspinał z linami i czekanem! – cieszy się Janek, sznurując buty.

Z początku idzie się całkiem dobrze drogą przez miasteczko. Gdy jednak chodnik się kończy i trzeba brnąć w głębokim śniegu, nawet Janek zwalnia, dyszy ciężko i zmusza się, by zrobić kolejny krok. Piesek też ma dosyć. Jego krótkie łapki nie są stworzone do takich spacerów!

– Będziemy go nieśli na zmianę – decyduje Martynka i bierze pieska na ręce.

Wędrówka z jamnikiem w ramionach nie jest jednak łatwa…

– Teraz ja go wezmę. – Tata po kilku chwilach przejmuje od niej zwierzaka. I od razu zauważa, że piesek trzęsie się z zimna. Robi mu więc legowisko w swoim plecaku. Owija psiaka zapasowym szalikiem, luzuje paski. Tym sposobem ciekawski jamnik może wyglądać spod klapy plecaka, jednocześnie nie moknąc i siedząc wygodnie w miękkim śpiworku.

– Ale ci dobrze! – wzdycha Frania i chyba naprawdę odrobinkę zazdrości jamnikowi. Gdyby tak ją ktoś owinął kocem… i przeniósł, choćby przez ten najwyższy śnieg.

– Zaczyna znowu sypać. – Mama z niepokojem patrzy na zachmurzone niebo, z którego spadają coraz większe białe płatki. – Mam nadzieję, że dotrzemy do naszej niespodzianki, zanim rozpada się na dobre.

– Niespodzianka? – Do Janka dopiero teraz dociera, że na końcu wędrówki czeka na nich coś przyjemnego. – Daleko jeszcze?

– A co, masz już dosyć? – śmieje się tata. – Rezygnujesz z wyprawy na wielką górę? Z linami i czekanami?

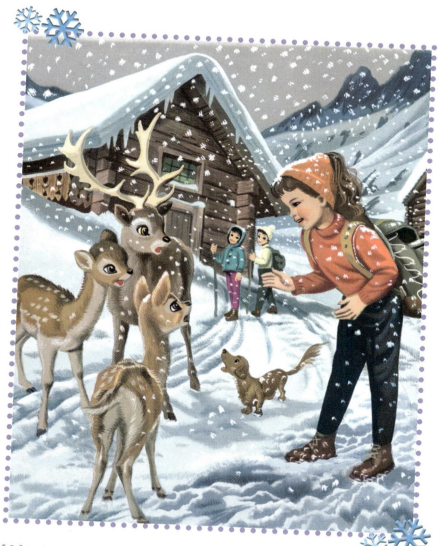

W taką pogodę sarenki podchodzą do ludzi, prosząc o jedzenie.

Janek czerwieni się… ale nikt tego nie zauważa. Przez mróz i wysiłek jego policzki i tak są czerwone jak rajskie jabłuszka.

– Trzeba zachować rozsądek – odpowiada chłopiec. – Wspinaczka byłaby ryzykowna przy tej pogodzie. Mądry człowiek wie, kiedy się zatrzymać.

– Bardzo słusznie – mówi tata i puszcza oko do dziewczynek. – Lepiej przegrać zakład niż ryzykować. Wcale nie jesteś zmęczony, a jednak…

– Oczywiście, że nie jestem zmęczony – dyszy z wysiłku Janek. – Ten spacer jest… jest jak spacer z babcią po parku… Łatwizna! Mógłbym wejść na dziesięć gór, gdybym tylko chciał!

Pięć minut później Janek nie próbuje nawet trzymać fasonu. Przystaje, pije herbatę, oddycha głęboko.

– Nie wiedziałem, że tak trudno jest iść w głębokim śniegu – sapie jak lokomotywa. – Nie mam już siły!

– Musimy dojść do tamtych drzew – tata wskazuje dłonią kilka świerków majaczących w oddali. – Obiecuję ci, że warto jeszcze trochę się wysilić.

Gęste płatki śniegu sypią dzieciom w oczy. Ścieżki już niemal nie widać. Piesek wciska się coraz głębiej w swój śpiwór z szalika. Nie ma już ochoty wyglądać spod klapy plecaka. Co mógłby zobaczyć, oprócz nieskończonej bieli rozciągającej się we wszystkie strony?

Wreszcie dochodzą do świerków.

– Gdzie ta niespodzianka? – Janek niemal czołga się na kolanach.

– Ciii! – Mama kładzie palec na ustach i wskazuje dzieciom trzy sarenki, stojące kilka metrów przed nimi.

– To domek strażników – wyjaśnia szeptem tata. – Pilnują parku narodowego, dzień i noc. Zwierzęta przychodzą do nich, bo wiedzą, że zawsze dostaną tu coś do jedzenia.

Janek, Frania i Martynka patrzą na sarenki jak urzeczeni. Ale to jeszcze nie koniec niespodzianki.

– Jeden ze strażników to mój dobry kolega – mówi tata. – Byliśmy razem w wojsku, bardzo dawno temu. Rozpoznał mnie, kiedy stałem i kibicowałem wam w czasie zawodów przy górnej stacji kolejki.

I powiedział, że możemy spędzić kilka godzin w jednej z tych chatek. On z kolegą przez cały dzień patrolują park narodowy, więc będziemy tu sami.

– Nie licząc zwierząt – dodaje mama. – W taką pogodę będą się pewnie dobijać i prosić o jedzenie.

– Albo o ciepły kąt – mówi Martynka, zerkając na nosek jamniczka, wystający z plecaka tatusia.

– W chatce jest podobno mała wiewiórka ze złamaną nóżką...

strażnicy troskliwie ją pielęgnują i karmią orzechami... Zaprzyjaźniła się z nimi i wcale nie chce wracać do lasu.

Na wiadomość o oswojonej wiewiórce dzieci puszczają się biegiem do domku strażników.

– Klucz jest za doniczką na parapecie – woła tata, przypominając sobie, co mówił mu dawno niewidziany kolega.

– Jak tu pięknie! – wzdychają po chwili dzieci, stojąc na progu. – Jakie piękne zdjęcia wiszą na ścianach! I jest kominek! Ale gdzie wiewiórka?

Wiewiórki póki co nie widać, dzieci grzeją się więc przy ogniu. Gotują wodę na herbatę, wyciągają z plecaków kanapki...

– Tu jest list do nas! – Mama zauważa leżącą na stole kopertę. – Kto przeczyta na głos?

Martynka zgłasza się na ochotnika i czyta:

Moi drodzy, dziś wrócimy bardzo późno. Zapowiadają śnieżycę, musimy więc patrolować okolicę aż do zmroku. Rozgośćcie się, proszę. Nad paleniskiem zostawiłem garnek z zupą, podgrzejcie ją sobie koniecznie. I nie ryzykujcie powrotu do miasteczka w tę pogodę. Gdy wrócę, odwiozę was moim samochodem terenowym!

Robert

– Jak miło z jego strony! – cieszy się mama.
Dzieci też bardzo się cieszą. Z chwil spędzanych przy ogniu, z bulgoczącej wesoło zupy, z sarenek zaglądających do chatki i biorących z ich rąk skórki od chleba.

– Zostawcie trochę dla wiewiórki – mówi nagle tata. A na jego ramieniu siedzi prawdziwa wiewiórka! I z apetytem zajada sucharka!

– Masz jeszcze ochotę na wspinaczkę? – Tata droczy się z Jankiem.

Janek nie odpowiada. Wyjmuje tylko ze swojego plecaka harmonijkę, siada przy palenisku i zaczyna grać na niej skoczną melodię. Wszyscy siadają wokół niego.

– Harmonijki nie zapisaliśmy na żadnej liście – mówi Martynka. – Ani czerwonej, ani niebieskiej… A jest bardzo ważna! Musimy o niej pamiętać przy kolejnych wyprawach.

– Hau, hau! – przytakuje piesek i zaczyna skakać w rytm melodii granej przez Janka.

Witaj w górach!

Jeśli kochasz sporty zimowe, tak jak ja, wybierz się koniecznie w góry.

Sporty zimowe

Zimą, kiedy góry pokrywa gruba warstwa śniegu, można uprawiać tu wszystkie sporty zimowe: narciarstwo alpejskie i biegowe, saneczkarstwo, snowboard, łyżwiarstwo… A nawet skoki narciarskie. Ale tego ja, Janek i Frania nie zamierzamy na razie próbować!

Spójrz, jakie piękne górskie miasteczko!

Wszystko już czeka

Nie musisz kupować całego sprzętu. W każdej stacji narciarskiej możesz wypożyczyć nie tylko narty, ale i buty, a często także kombinezon.

Wyciągi i kolejki

Wchodzenie na wysoką górę trwałoby godzinami. Dlatego każda stacja narciarska ma wyciąg krzesełkowy (wygodnie się na nim siedzi) albo orczykowy (jedzie się do góry na stojąco), lub też kolejkę linową.

Pługi i łańcuchy

Na drodze do naszego ślicznego miasteczka bardzo często można spotkać pługi śnieżne. Czasami pracują dzień i noc, żeby droga była przejezdna. Ale i tak na koła samochodu trzeba zakładać specjalne łańcuchy, inaczej auto nie poradzi sobie na stromych, oblodzonych i zasypanych śniegiem górskich drogach.

❄ Lawina
To masa śniegu zsuwająca się z góry i zabierająca ze sobą wszystko, co spotka na swej drodze. Jest bardzo niebezpieczna!

❄ Linia wiecznego śniegu
Wysoko w górach występują miejsca, gdzie śniegi nigdy nie topnieją. Powstają tam lodowce. W Polsce lodowców nie ma, ale wysoko w Tatrach można zobaczyć śnieg nawet w lipcu!

Miasteczko

Małe górskie miasteczka wyglądają naprawdę pięknie. Większość domów zbudowana jest z drewna. Mają spadziste dachy, żeby śnieg mógł się z nich bez trudu zsuwać. Przypominają wioskę Świętego Mikołaja!

Dzień na stoku

Chcesz iść ze mną na narty?
Musisz wcześnie wstać.
To będzie dzień pełen przygód.

Rozgrzewka

Zanim ruszysz w dół, trzeba rozgrzać i rozluźnić mięśnie. To bardzo ważne! Zjeżdżając bez tych kilku ćwiczeń na dobry początek, możesz się poturbować, kiedy upadniesz. Ćwicz więc razem z nami.

Pług

Pierwsza rzecz, której uczy się każdy narciarz. Ja też na pierwszej lekcji uczyłam się jeździć pługiem, czyli na szeroko rozstawionych nogach z czubkami nart blisko siebie. Gdy to opanujesz, będziesz mieć kontrolę nad swoją jazdą i w razie potrzeby szybko zahamujesz. To nie musi wyglądać elegancko, ważne, że jest skuteczne.

Czy wiesz, że...

❄ **Śnieg** to kryształki lodu w kształcie sześcioramiennych gwiazdek. Gwiazdki łączą się ze sobą i w ten sposób powstają płatki śniegu.
W bardzo niskiej temperaturze zamiast płatków tworzą się czasami igiełki i kolumny.

Na trasę

Kiedy umiesz już jeździć pługiem, możesz zjechać ze swojej pierwszej małej górki. Takie niezbyt strome stoki dla początkujących nazywa się żartobliwie oślimi łączkami. Uważaj, nie rozpędzaj się! Nawet na takim stoku trzeba być bardzo ostrożnym!

Instruktor

To nauczyciel jazdy na nartach. Wie wszystko o tym, jak ruszyć, zahamować, skręcić w lewo albo w prawo. I w jaki sposób się przewrócić, żeby nic się nie stało. On uczy mnie codziennie.

⭐ Spójrz, piesku, jaki piękny widok!

❄❄ Wyciąg

Żeby dostać się na górę, wskakuję na wyciąg krzesełkowy. Za pierwszym razem trochę się bałam. Trzeba poczekać, aż krzesełko podjedzie, a potem szybko na nim usiąść. Ale teraz bardzo lubię takie przejażdżki.

Mój sprzęt

Żeby jeździć na nartach, ubierz się ciepło i wygodnie. Tak jak ja.

Kombinezon narciarski

Dzięki niemu nie marznę na stoku, bo zapewnia mi ciepło. Uszyto go z materiału, który nie przepuszcza wiatru ani wody. Jest gruby i miękki, więc chroni mnie też w razie upadku.

Nie zapomnij!

Udając się na stok, pamiętaj, że trzeba zabrać ze sobą:
- narty
- kijki
- buty narciarskie
- ...albo sanki!

Niezbędne dodatki

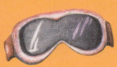

Gogle chronią oczy przed urazami i przed ostrym słońcem, odbijającym się w śniegu.

Buty na zmianę
Kiedy zdejmiesz buty narciarskie, ubierz ciepłe śniegowce i zapasowe skarpety. Nie chodź w mokrych!

Krem z filtrem

Nigdy nie wybieraj się na stok, zanim się nim nie posmarujesz. Słońce w górach jest groźne dla skóry. Promienie odbijają się od śniegu i bardzo łatwo o poparzenia.
Pamiętaj, by nakładać krem co dwie godziny!

Pora ruszać! Z górki na pazurki!

❄ **Czapka** osłania uszy przed lodowatym zimowym wiatrem.

❄ **Rękawiczki** Dzięki nim dłonie nie zamienią się w sopelki lodu.

❄ **Szalik** Starannie owijaj nim szyję, a unikniesz przeziębienia.

Narciarskie sekrety

Oto kilka moich małych tajemnic, dzięki którym lepiej i bezpieczniej spędzam czas w górach.

Gotowi? No to ruszamy!

UWAGA!

Nigdy nie zajeżdżam drogi innym narciarzom.
I przenigdy nie zbaczam z trasy, żeby nie wywołać lawiny.

Instruktor organizuje dla nas wiele konkursów, a nawet prawdziwe wyścigi.

Tego nauczył mnie mój instruktor na pierwszej lekcji!

MOJA PIERWSZA LEKCJA

Trochę się denerwowałam, ale pan instruktor był bardzo miły i powiedział, że nie powinnam się niczego bać. Skoro nauczyłam się chodzić, to nauczę się też jeździć na nartach. I wiecie co? Miał rację!

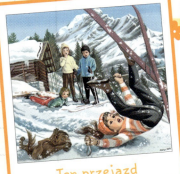

MÓJ NAJPIĘKNIEJSZY UPADEK

Żeby dobrze jeździć na nartach, musimy też nauczyć się przewracać tak, żeby się nie potłuc. Nie można bać się upadku! Przewróciłam się już wiele razy, a piesek zawsze myślał, że to taka zabawa.

Ten przejazd zakończyłam na plecach!

W języku Eskimosów jest ponad 40 słów określających śnieg. My też mówimy o nim na wiele sposobów.

Świeży puch – lekki śnieg, który niedawno spadł.

Mokry śnieg – zobaczysz go, kiedy temperatura wynosi mniej więcej 0°C. Trudno się po nim jeździ!

Śnieg ziarnisty – wyraźnie widać ziarenka śniegu. Świetny do lepienia śnieżek i bałwana oraz do jazdy na nartach.

Śnieżyca – bardzo obfity śnieg. W czasie śnieżycy często nie widzę Janka, który stoi kilka metrów dalej.

Zawieja – śnieżyca połączona z silnym wiatrem.

Zamieć śnieżna – zawieja, która porywa śnieg leżący już na ziemi. Koniecznie przeczekaj ją w schronisku!

Po całym dniu na stoku miło jest odpocząć przy ogniu.

Zdradzę ci teraz przepis na mój ulubiony rozgrzewający napój jabłkowo-cynamonowy. Wystarczy podgrzać sok jabłkowy i dodać płaską łyżeczkę cynamonu, a potem dobrze zamieszać. Możesz też wrzucić do środka laskę cynamonu. Napój jest naprawdę pyszny!

Całą dolinę ostatniej nocy przykrył świeży śnieg.

Niektóre zwierzęta, np. sarny, jelenie, zające, zmieniają sierść na zimę. Ta zimowa jest grubsza i jaśniejsza, tak by trudno było je dostrzec w śniegu.

W serii:

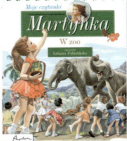